Nestor SALUMU NDALIBANDU

ÉGLISE FAMILLE DE DIEU EN AFRIQUE 25 ANS APRÈS (1994 - 2019)

Nestor SALUMU NDALIBANDU

ÉGLISE FAMILLE DE DIEU EN AFRIQUE 25 ANS APRÈS (1994 - 2019)

Approche phénoménologique

Éditions Croix du Salut

Imprint
Any brand names and product names mentioned in this book are subject to trademark, brand or patent protection and are trademarks or registered trademarks of their respective holders. The use of brand names, product names, common names, trade names, product descriptions etc. even without a particular marking in this work is in no way to be construed to mean that such names may be regarded as unrestricted in respect of trademark and brand protection legislation and could thus be used by anyone.

Cover image: www.ingimage.com

Publisher:
Éditions Croix du Salut
is a trademark of
Dodo Books Indian Ocean Ltd., member of the OmniScriptum S.R.L Publishing group
str. A.Russo 15, of. 61, Chisinau-2068, Republic of Moldova Europe
Printed at: see last page
ISBN: 978-620-3-84277-7

DEDICACE

Père Placide TEMPELS, initiateur d'une théologie africaine et philosophie africaine basées sur le paradigme de la Jamaa (famille).

PREFACE

Pendant les assises du premier synode africain tenu en 1994, les Cardinaux et Evêques ont levé l'option d'orienter l'Evangélisation de notre continent dans la perspective de l'Eglise Famille de Dieu en Afrique. Le paradigme Eglise-Famille s'enracine dans le génie culturel africain et la tradition judéo-chrétienne. Saint Jean-Paul II a même vanté cette valeur culturelle de la famille en Afrique. Il a même encouragé d'autres peuples à venir puiser cette valeur.

Notre Eglise du Congo a pour sa part décidée de se réapproprier cette dynamique dans les options pastorales de la nouvelle évangélisation et la Catéchèse.

En effet, 25 ans après, il est important d'examiner la réappropriation de ce socle, de cette valeur dans les structures ecclésiales, par les agents d'évangélisation et les fidèles chrétiens.

Les mutations sociales vécues présentent des nombreux défis qui remettent en question la mise en pratique de l'Eglise Famille de Dieu. Nous pouvons citer les expériences tragiques de guerres et conflits armés, l'indifférence, le favoritisme, les formes de discrimination, d'exploitation et de marginalisation, qui révoltent la conscience humaine et entachent la fraternité et la communion ecclésiale.

C'est pourquoi nous saluons et encourageons cette publication de l'Abbé Nestor SALUMU sur l'Eglise Famille de Dieu. Cette publication tombe à point nommé. Le sens de la famille est à rechercher à plusieurs niveaux. Les différents thèmes développés montrent le fondement, la pertinence, les défis et difficultés rencontrés ainsi que les perspectives de solution. Les éléments développés dans cet écrit peuvent permettre de bien nous approprier les orientations sur le Synode des Evêques prévu pour l'année 2023.

Je recommande vivement la lecture de cet ouvrage pour la promotion de l'Eglise Famille de Dieu et l'engagement dans la préparation du Synode des Evêques.

Monseigneur ABELI MUHOYA François

Evêque du Diocèse de Kindu

AVANT PROPOS

Nous nous fixons pour objectif dans ce livre de réfléchir sur la mise en application des orientations et directives pastorales du synode sur l'Église Famille de Dieu tenu à Rome en 1994 après 25 ans (1994-2019). Nous nous basons pour cette étude sur les segments fondateurs de cette dynamique, sur les acquis et écueils et enfin sur les orientations conséquentes après ces 25 ans d'expérience. La finalité est de ressortir les responsabilités qui nous incombent comme pasteurs et penseurs, de rester fidèles et même de promouvoir cette intuition de l'Église Famille de Dieu par nos pères dans la foi qui s'inscrit formellement dans le processus de l'inculturation. Nous insistons pour qu'une attention soit portée pour promouvoir notre héritage culturel et judéo-chrétien, l'esprit prophétique et les démarches de réconciliation qui peuvent aider à sédimenter ce socle de la famille dans l'Église et la société en général en Afrique.

Mots clés : Afrique, évangélisation, inculturation, famille, église, tradition, défi, pastoral, guerre, réconciliation, dialogue, prophétisme, héritage.

INTRODUCTION GÉNÉRALE

La démarche philosophique et théologique dans l'Afrique contemporaine face aux nombreux défis auxquels ce continent est confronté nécessite une réflexion critique qui part des réalités concrètes pour un relèvement de la situation. Nous sommes fortement convaincus que la valeur de la pastorale et d'une théologie conséquente en Afrique se mesure à la pertinence et la profondeur des questions agitées[1].

En effet, le 10 avril 1994, Saint Jean-Paul II a ouvert par une liturgie eucharistique les assises du Synode à Saint Pierre à Romme sur l'Eglise Famille de Dieu en Afrique. Pendant quatre semaines soit du 10 avril au 8 mai 1994, ces pasteurs prélats de l'Eglise Catholique ont consacré leurs temps pour réfléchir sur les divers aspects de la mission évangélisatrice de l'Eglise en Afrique. Ils ont ressorti les urgences et les défis de l'Eglise et ont par ailleurs défini les tâches de l'Eglise en Afrique comme Eglise missionnaire. Le paradigme clé sur lequel a été focalisé l'attention des Pères synodaux était celui de la famille. C'est l'Eglise Famille de Dieu en Afrique : nouvelle patrie du Christ et terre aimée du père éternel[2].

En effet, 25 ans après, il y a lieu de faire une halte et s'interroger sur les acquis, les défis et les nouvelles responsabilités qui nous incombent en répondant à cette question : Qu'avons-nous fait de la grâce dont nous avons été bénéficiaires par ce synode ? L'exhortation finale

---

[1] XXX, *Des prêtres noirs s'interrogent cinquante ans après* (SANTEDI KINKUPU, Gérard BINSANTE, Meinrad HEBGA), Paris, Karthala, 2006, p. 11.

[2] JEAN PAUL II, *Ecclesia in Africa sur l'Eglise en Afrique et sa mission évangelisatrice vers l'an 2000*, Kinshasa, Médiaspaul, 1995, N°6, p. 10.

consistait à « définir les tâches de l'Eglise en Afrique comme Eglise missionnaire, une Eglise de mission qui devient elle-même missionnaire : Vous serez mes témoins [...] jusqu'aux extrémités de la terre (Ac 1,8) »[3].

C'est dans cette perspective que nous orientons notre présente méditation.

Dans un premier temps, nous réfléchirons sur la philosophie qui est au cœur de cette vision de l'Eglise comme famille.

Ensuite, nous examinerons les avantages de cette perception dans le vécu de communautés suivi ainsi des difficultés qui reflètent un obstacle face à cette exigence ontologique.

Enfin, nous nous efforcerons de tracer quelques perspectives pour faire face à ces défis. Il s'agit, pense Santedi, « d'une évangélisation dont la mission principale est d'inventer et d'appeler à inventer pour aujourd'hui et pour demain une réponse nouvelle de la foi aux défis de l'histoire de l'humanité à l'aube de ce XXe siècle »[4].

---

[3] *Ibidem*, N°8, p. 12.

[4] L. SANTEDI KINKUPU, *Les défis de l'évangélisation dans l'Afrique contemporaine. Préface de René de Haes. Postface de Maurice Pivot.* Paris, Karthala ; 2005, p. 9.

I. LA FAMILLE DANS LA TRADITION AFRICAINE ET SELON LE SYNODE

I.1. Dans la tradition africaine

La famille constitue le segment fondateur de l'anthropologie et de l'éthique africaine. C'est la famille qui est aussi le socle sur lequel se fonde la solidarité africaine. Pour certains, la famille dans la solidarité semble être la simple résultante d'une homogénéité existentielle dans la conception africaine, l'être humain est essentiellement membre et non morceau. L'Africain est un être avec autrui, je avec. Le Muntu est fondamentalement communautariste, intersubjectif, solidaire et social. Pour maintenir et solidifier cette valeur de la famille dans la solidarité sont institués le barza, la palabre et l'éducation. Le barza est le lieu d'expression et d'explication sur la vie en société, lieu de la mise en ordre, de l'instruction, d'éducation aux valeurs et de résolution pacifique de conflit, de la formation aux vertus de la justice, de la vérité, de l'hospitalité... pour maintenir la cohésion. C'est le moyen pratique d'apprentissage de la sagesse africaine.

Le sens de la famille est très fort chez les africains. Ceci s'observe par les pratiques de l'hospitalité et de la solidarité qui dépassent le lien familial, clanique et tribal pour s'étendre au niveau national, international, religieux, professionnel ou toute forme d'association. Ceci n'a pas empêché de répertorier des crises dans la pratique de la solidarité comme expression de la famille.

I.2. Selon les Pères synodaux

De ce fait, pour soutenir cette valeur fondamentale de la famille et l'épargner de toutes les menaces possibles, les pères synodaux ont alors pris pour l'évangélisation de l'Afrique, l'idée force de l'Eglise Famille de Dieu. Cette conception de la famille s'enracine aussi dans l'enseignement du Magistère de l'Eglise[5]. C'est un processus d'inculturation que déjà le père Tempels entrevoyait non seulement par ses multiples écrits mais aussi par la création d'un groupe charismatique de pastorale familiale dénommé Jamaa Takatifu. C'est un processus d'inculturation qu'il a entamé en promouvant la symbiose des valeurs africaines de la solidarité et des vertus chrétiennes[6].

Le Cardinal Malula a reconnu à juste titre ces efforts de Tempels lorsqu'il écrit « Les mérites du Père Tempels est d'avoir au-delà des adaptations de détail, vu le problème fondamental. C'est moins dans les gestes, les symboles, les rites que doit s'accomplir un effort d'adaptation que dans la mentalité, la psychologie et la sagesse propre à chaque peuple (...) parce qu'il a patiemment cherché à connaitre ses fidèles, parce qu'il s'est laissé imprégné avec amour et respect par leur sagesse, le Père Tempels a pu découvrir les paroles qui trouvent un écho exact dans l'âme bantoue, tout en étant parfaitement fidèles à la parole de Dieu »[7].

La famille était pour les pères synodaux « une expression

---

[5] CONCILE VATICAN II, *Constitution Dogmatique Lumen Gentium, sur l'Eglise,* Paris, Centurion, 1967, N°6.
[6] P. TEMPELS, *Notre rencontre*. Centre d'études pastorales, Limeté, Léopoldville, 1962, p. 38.
[7] MALULAcitéparP. TEMPELS, *Notre rencontre*, p. 9

particulièrement appropriée de la nature de l'Eglise pour l'Afrique »[8]. Dans l'image de la famille l'accent est mis sur l'attention à l'autre, la solidarité, la chaleur des relations, l'accueil, le dialogue et la confiance.

I.3. Les Exhortations conséquentes

C'est dans cette perspective que la dynamique de la nouvelle évangélisation devra être entretenue. Faisant allusion aux défis de la famille vécus, les pères synodaux n'ont pas hésité de présenter des interpellations et de recommandations : « la nouvelle évangélisation visera donc à édifier l'Eglise Famille, en excluant tout ethnocentrisme et tout particularisme excessif, en prônant la réconciliation et une vraie communion entre les différentes ethnies, en favorisant la solidarité et le partage en ce qui concerne le personnel et les ressources entre Eglises particulières, sans considérations indues d'ordre ethnique »[9].

Au regard des réalités vécues en notre temps en Afrique, ces exhortations gardent leur pertinence et leur actualité. C'est pourquoi des recherches encouragées dans ce sens en rapport étroit avec la doctrine de l'Eglise Catholique d'une ecclésiologie centrée sur le concept d'Eglise Famille de Dieu semblent nécessaires. Ils le soulignent en ces termes : « Il est vivement souhaité que les théologiens élaborent la théologie de l'Eglise Famille avec toute la richesse de son concept en dégageant sa complémentarité avec d'autres images de l'Eglise »[10].

---

[8] JEAN PAUL II, *Ecclesia in Africa,* N°63, p. 69.
[9] JEAN PAUL II, *Ecclesia in Africa,* N°63, p. 69.
[10] *Ibidem*, N°63, pp. 69-70.

Bien plus, une attention particulière a été portée sur les domaines d'application de cette image de la famille dans l'Eglise en Afrique. La liturgie était ainsi à l'avant-garde dans le souci de demeurer fidèle à l'enseignement de l'Eglise et de respecter les personnes bénéficiaires selon la justice et avec une vraie charité pastorale[11]. C'est ce souci de la justice et de la charité pastorale face aux défis culturels du mariage et ceux de la religiosité populaire que ces pères synodaux ont recommandé des études dans ce sens : « Compte tenu de cela, il (le synode) souhaite que les Conférences épiscopales, de concert avec des Universités et Institutions catholiques, créent des commissions d'études, notamment pour ce qui est du mariage, de la vénération des ancêtres et du monde des esprits en vue d'examiner à fond tous les aspects culturels des problèmes posés du point de vue théologique, sacramentel, rituel et canonique »[12].

Pendant ces assises, Monseigneur Nestor Ngoy présentait de manière explicite ce défi qui favorise l'influence des sectes dans notre Eglise : « face au défi qui nous vient des sectes, il convient de prêter attention à des phénomènes difficiles à cerner ou à définir mais qui ont un impact sérieux dans la vie quotidienne de beaucoup d'Africains, même baptisés et pratiquants. Il s'agit notamment des phénomènes de la sorcellerie, de la magie, du rôle des esprits et des morts »[13]. Il poursuit en interpellant vivement l'intervention de l'Eglise. « L'Eglise ne peut

[11]*Ibidem*, N°64, p.71.
[12]*Ibidem*.
[13]Nestor NGOY cité par L. SANTEDI KINKUPU, *Les défis de l'évangélisation dans l'Afrique contemporain*, p. 35.

purement et simplement ignorer ces réalités ou se contenter de les taxer de vaines croyances. Elle doit à la lumière de l'évangile et de la foi chrétienne, donner une réponse valable aux hommes et aux femmes qui prennent ces croyances au sérieux »[14].

Un autre paradigme constitutif de l'image de la famille répertorié par les pères synodaux est le dialogue. Ce dernier est recommandé à tous les niveaux de l'Eglise. « Le dialogue se pratiquera d'abord au sein même de l'Eglise Famille, à tous les niveaux (...) dans chaque Eglise particulière, entre l'évêque, le presbyterium, les personnes consacrées, les agents pastoraux et les fidèles laïcs ; de même qu'entre les fidèles des différents rites au sein de la même Eglise »[15]. Cet effort de dialogue est recommandé aussi avec les chrétiens d'autres confessions religieuses, avec les musulmans et même avec ceux de la religion traditionnelle africaine. Nous trouvons ici une considération de la tradition africaine longtemps traitée de paganisme. « A cet effet, les enseignements qui conviennent seront donnés dans les maisons de formation sacerdotales et religieuses sur la religion traditionnelle »[16].

D'autres recommandations des pères synodaux ont porté sur les questions sociales du développement humain intégral. « De ce fait tout le ministère de Jésus est lié à l'attention de tous ceux qui, autour de lui, étaient touchés par la souffrance : personnes dans le deuil, paralytiques, lépreux, aveugles, sourds muets (Mat. 8,17) »[17]. Ils ont d'abord fondé et

---

[14]*Ibidem.*
[15] JEAN PAUL II, *Ecclesia in Africa,* N°65, pp. 71-75.
[16]*Ibidem*, N° 67, p. 74.
[17] PAUL VI, *Exhortation apostolique EvangeliiNuntiandi (sur l'annonce de l'Evangile)*, (8 décembre 1975), N°31 ASS (1976), p. 26.

légitimé leur ministère sur l'engagement de libération légué par le Christ et les éclaircissements trouvés dans le Magistère de Paul VI. Saint Paul VI a ainsi explicité cet engagement en ces termes : « Il est impossible d'accepter que l'œuvre d'évangélisation puisse ou doive négliger les questions extrêmement graves, tellement agitées aujourd'hui, concernant la justice, la libération, le développement et la paix dans le monde »[18].

Pour concrétiser cette mission de la promotion de la dignité humaine, les pères synodaux ont recommandé à l'Eglise de continuer à jouer son rôle prophétique et à être la voix des sans voix. Un appel était lancé à l'endroit des chefs d'Etats et des responsables de la chose publique de garantir la libération et l'épanouissement des populations.

Enfin, tous les pasteurs ont été exhortés à mettre à profit les moyens de communication sociale nouvel aréopage des temps modernes pour l'atteinte de ces objectifs.

---

[18] SYNODE DES EVEQUES, *Assemblée Spéciale pour l'Afrique*, Lineamenta, N°79, Rome, 1994.

II. AVANTAGES ET DEFIS DE L'EGLISE FAMILLE DE DIEU EN AFRIQUE

II.1. Avantages

Les avantages ou acquis puisés depuis la tenue de ce synode sur l'Eglise Famille de Dieu, sont tellement nombreux qu'il nous est difficile de les présenter en ces quelques lignes. Nous signalons les acquis qui nous paraissent importants et qui ont aussi été portés à notre connaissance. Le sens de la famille loin d'être un vœu est devenu une réalité.

II.1.1. Au niveau continental

Ce synode a permis de revitaliser le sens de la famille au niveau de l'Eglise en Afrique. La Conscience d'appartenir à une même race, d'avoir un passé commun, de faire face aux mêmes problèmes d'hégémonie ou de domination occidentale.

Cette fraternité et esprit de famille s'observent aussi à partir des structures continentales ecclésiales de collaboration au niveau régional et continental. Nous avons des Assemblées des Conférences Episcopales de l'Afrique Centrale (ACEAC) et le Symposium des Conférences Episcopales d'Afrique et de Madagascar (SCEAM).

Ces structures fonctionnent pour la promotion de l'évangélisation, de la paix, de la sécurité en Afrique à partir des rencontres organisées.

II.1. 2. Au niveau national

Plusieurs initiatives ont été prises au niveau national pour la mise en pratique des directives et orientations du synode sur la promotion de l'Eglise famille de Dieu.

Des nombreux pays ont tracé leur programme pastoral dans la perspective de la nouvelle évangélisation par la promotion de l'Eglise Famille de Dieu. Des actions pastorales sont perçues toujours dans cette dynamique[19]. Des institutions de l'Enseignement Supérieur et Universitaires sont créés et implantées pour répondre aux exhortations du synode de la promotion de la dignité humaine et de structures sociales. De nouvelles facultés et orientations académiques sont ajoutées dans les Etablissements qui existent. Dans les maisons de formation, des restructurations des programmes d'enseignement sont réalisées par rapport aux recommandations du synode.

Au niveau social, des actions sont menées pour la promotion d'un leadership de l'Eglise Catholique. Ce leadership est vraiment visible dans les structures des victimes des atrocités des guerres, des conflits, des menaces de balkanisation, des calamités naturelles, etc.

Les pasteurs d'Eglise n'hésitent pas de prendre position face à des situations de guerres et d'exploitation anarchique des richesses du sol et du sous-sol. L'Eglise joue le rôle de la voix des sans voix auprès des gouvernements et des puissances occidentales. Nous enregistrons même

---

[19] CENCO, *Directoire sur la nouvelle Evangélisation et la catéchèse dans la perspective de l'Eglise famille de Dieu*, Kinshasa, Secrétariat de la CENCO, p. 1.

des pasteurs qui ont payé de leur propre vie et mêmes des situations inconfortables d'exil, de relégation, de menace des morts, etc. Les Evêques font le plaidoyer auprès des Eglises Sœurs d'Europe.

Il n'est un secret pour personne que les efforts de démocratisation et la tenue des élections pacifiques dans certains pays africains sont aussi les fruits d'engagement des prélats catholiques. Certains dirigeants n'hésitent de les taxer de politiciens.

II.1. 3. Au niveau provincial

L'esprit de famille vécu dans la Conférence Episcopale au niveau national se relaye même dans les Provinces Ecclésiastiques selon la superficie du pays. Les structures de communion se retrouvent dans les Provinces Ecclésiastiques.

La pastorale de communion est même entretenue dans la province. La synergie s'observe aussi pour faire face aux défis pastoraux et sociaux.

II.1. 4. Au niveau diocésain

Dans les diocèses en Afrique, la pastorale est perçue dans la perspective de l'Eglise Famille par la conception d'une pastorale d'ensemble. L'Evêque est reconnu comme guide et symbole de l'unité.

De ce fait, des structures fonctionnent dans l'esprit de famille par la concertation, le dialogue et le consensus. Des efforts d'inculturation se font au niveau liturgique dans les enseignements, les célébrations et certaines dévotions populaires. Des homélies et enseignements sont souvent focalisés sur les réalités du milieu.

Un élément qui promeut et favorise cet esprit de famille est surtout l'apostolat des laïcs et la réappropriation de ces derniers sur la vie de l'Eglise. Les laïcs comprennent de plus en plus que l'Eglise c'est leur affaire. Ils n'hésitent pas d'intervenir pour un besoin quelconque de la vie de l'Eglise. De la même façon, les autorités politiques et les autres responsables contribuent à la promotion de leur Eglise au niveau diocésain et paroissial.

Le sens de l'Eglise comme Famille imprègne de plus en plus les fils et filles, fidèles laïcs et leurs pasteurs en Afrique. Les situations difficiles de précarité n'empêchent pas les pasteurs et le monde ecclésiastique en général de vaquer à leurs occupations.

II.2. Ecueils ou défis

Toute œuvre humaine est perfectible, et les agents pastoraux ne sont pas à l'abri de cette fragilité. Ces agents pastoraux sont au service d'une œuvre à la fois humaine et divine.

Des défis caractérisent la vie de l'Eglise, l'empêchant ainsi de réaliser quelque fois le sens de la famille. Nous citions quelques défis qui devraient attirer l'attention des pasteurs théologiens en particulier et penseurs en général.

II.2. 1. Le défi des guerres, de la pauvreté et de la misère

Les guerres en Afrique constituent un grand défi pour la réalisation de l'Eglise Famille. Un peu partout, la violence est visiblement manifeste. Les guerres créent le nettoyage social ou ethnique, la criminalité, les violences sous des formes diverses en famille, dans l'Eglise, les entreprises. Les sentiments de la peur et de la haine dans les cœurs, la vengeance, l'insécurité, le découragement l'exclusion, l'agressivité, etc. sont autant des comportements qui sont engendrés par les guerres et entravent le sens de la famille. A ces fléaux, s'ajoutent la situation de crise humanitaire des déplacés de guerre, de la pauvreté et la misère qui rendent les personnes vulnérables et très dépendantes des idéologies politiques, culturelles et religieuses opposées à leur conviction et leurs croyances. Ces situations font que les ministres soient en certains milieux clochardisés pour devenir vulnérables, manipulables.

II.2. 2. Le défi des coutumes, traditions africaines et nouveaux mouvements religieux

Le processus de retraditionalisation est en cours en Afrique dans tous les secteurs de la vie religieuse, politique et économique des sociétés contemporaines. Ce processus démontre selon Benoit Awazi que « l'Afrique refuse de rejeter ses valeurs culturelles et religieuses fondamentales et réagit aux mutations technologiques et économiques de la mondialisation néolibérale en s'enracinant et en s'agrippant durablement sur ses valeurs fondamentales... »[20]. Ceci s'observe dans le recours au fétichisme, au culte des esprits des ancêtres, bons et mauvais ainsi que les pratiques de fraternité et d'autres rites traditionnels de

[20] B. AWAZI MBAMBI KUNGUA, *De la post-colonie à la mondialisation néolibérale*, p. 116.

façon mythique et symbolique.

Dans ce contexte, il se vit en Afrique des situations criantes de la psychose de la sorcellerie, des phobies des esprits mauvais, des pratiques magiques et occultistes ainsi que des pratiques banalisées d'empoisonnement. Ce sont là des problèmes réels qui affectent la vitalité de l'Eglise en Afrique et déstabilise l'esprit de famille. Léonard Santedi renchérit en disant : « Nous sommes ici en présence d'un problème massif, omniprésent et incontournable. La maladie par envoutement, sorcellerie, magie noire est une préoccupation obsédante pour la majorité de nos congénères. C'est un défi corollaire au précédent (sectes). Il mérite un traitement spécial en raison de la tragédie à laquelle il donne lieu »[21].

Il s'agit du recours incessant à la cure traditionnelle ou à une thérapie chrétienne ou musulmane. Le manque d'attention des pasteurs catholiques à ces réalités qui paraissent de fond dans la vie des fidèles, expose ces derniers à se référer aux marabouts, aux membres des sectes... Ce qui fragilise l'esprit de communion.

II.2. 3. Le défi de la révolution culturelle mondiale

La révolution culturelle dans ses efforts dévastateurs du relativisme moral, du néo-libéralisme, du féminisme, du sexisme, du libre choix et libre arbitre, de l'autonomisation constituent ainsi une déconstruction des cultures africaines et même de l'héritage judéo-chrétien. Les conséquences néfastes sont visibles dans les familles et

---

[21] L. SANTEDI KINKUPU, *Les défis de l'évangélisation dans l'Afrique contemporain*, p. 34.

Eglise notamment la dislocation, les conflits, l'insoumission

II.2. 4. Le défi du tribalisme et de l'Ethnocentrisme

Un autre phénomène qui entrave l'esprit de famille dans l'Eglise en Afrique est cette pratique de discrimination, d'exclusion et de marginalisation qui devient en certaines structures ecclésiales une politique de gouvernement. Des rapports sont fondés sur une certaine accointance ethnique. La conscience tribale prime parfois dans la vie de l'Eglise. Des agents pastoraux deviennent de fois prisonnières de leur appartenance tribale. Ils tentent ainsi d'idéaliser leur culture et de manifester parfois ouvertement leur sentiment de penchant pour leur famille tribale. La structure ecclésiale tend à devenir ainsi une propriété tribale ou clanique.

C'est ce que déplore Stanislas Longonga en ces termes : « Des témoignages recueillis ici et là, l'on apprend que certains prêtres déploient une ardeur singulière auprès des paroissiens ou des membres influents de la tribu pour être maintenus à un poste ou pour hériter une paroisse. Il se développe une espèce de réseau de clientélisme ou des amis de la même tribu pour se partager les postes dits stratégiques »[22]. Dans ce cas, les malheureux sont ceux qui refusent ce genre d'obédience ou qui n'appartiennent pas à la famille du chef imbu dans ce système. « Outre le poids de la solidarité, il semble que le but inavoué de cette pratique soit de favoriser ceux de sa tribu afin de consolider son pouvoir

---

[22] S. LONGONGA, *La crise financière des Eglises d'Afrique. Conséquences sur le ministère des prêtres*, Paris, L'Harmattan, 2016, p. 39.

et de partager les avantages du système »[23]. Un tel comportement frise la communion ecclésiale et doit être régulièrement dénoncé.

II.2. 5. Défi du dialogue et du pouvoir dans l'Eglise

La conception du pouvoir dans l'Eglise est loin de refléter l'usage du bon pasteur tracé par le Christ. Certains ministres ont une conception erronée du pouvoir dans l'Eglise au niveau diocésain, paroissial et communautaire. On observe parfois une tendance opiniâtre dans le chef de certains responsables à imposer souvent indument leurs idées, qui ne répondent en rien à la dimension doctrinale et disciplinaire de l'Eglise ni aux attentes, préoccupations et aspirations profondes des fidèles. Cette attitude démotive souvent les fidèles dans leur engagement.

Il importe de favoriser la culture du dialogue qui est souvent recommandée aux politiciens. Les problèmes majeurs des fidèles sont traités avec légèreté et de manière péjorative. Ceci ne favorise pas la communion. Le programme pastoral ne vise pas à répondre aux attentes, préoccupations, aspirations et inspirations des fidèles. La tendance est de vouloir les étouffer.

Une certaine manière de travailler dans nos structures internes reflète l'absence de mécanisme de dialogue et de responsabilisation. Le danger est souvent l'exploitation négative du phénomène d'obséquiosité pour étouffer, écraser, manipuler la communauté. Cette dictature dans les communautés africaines, souligne Benoit Awazi, « favorisée et renforcée par un respect exagéré du vieux et du vieillard dans les

---

[23] S. LONGONGA, *La crise financière des Eglises d'Afrique*, p. 39.

sociétés négro- africaines contemporaines constitue à notre avis la principale cause du marasme politique et intellectuel du continent africain »[24]. Nous voyons qu'il n'est pas rare d'observer quelque fois dans l'Eglise ce qui est condamné et dénoncé chez les politiciens dans la crise de la démocratie. « Aussi bien dans les Eglises que dans les Etats de l'Afrique post-coloniale l'absence totale d'une culture démocratique et politique par les hommes politiques et les prélats africains, constitue le principal obstacle au développement harmonieux des sociétés négro-africaines post-coloniales »[25].

La disharmonie et la contradiction s'observe entre la foi chrétienne et le comportement quotidien, des responsables. Ce qui engendre parfois des conflits et des tensions dans les communautés. C'est pourquoi l'interpellation du très saint père sur le contre témoignage garde sa pertinence pour l'Eglise en Afrique. « Cela me fait très mal de voir comment, dans certaines communautés chrétiennes, et même entre personnes consacrées, on donne de la place à diverses formes de haine, de division, de calomnie, de diffamation, de vengeance, de jalousie, de désir d'imposer ses propres idées à n'importe quel prix jusqu'à des persécutions qui ressemblent à une implacable chasse aux sorciers. Qui voulons-nous évangéliser avec tels comportements ? »[26].

Nous perdons continuellement beaucoup de chrétiens qui

---

[24] B. AWAZI MBAMBI KUNGUA, *De la post-colonie à la mondialisation néolibérale, radioscopie éthique de la crise négro- africaine*, Paris, L'Harmattan, 2011, p. 166.

[25] *Ibidem*, p. 116.

[26] FRANÇOIS, *Exhortation Apostolique Evangeli Gaudium sur l'annonce de l'Evangile dans le monde d'aujourd'hui*, Rome, Libéria Editrice Vaticana, 2013, N°1.

émigrent dans des sectes fondamentalistes et même des cas des dissidences internes se produisent à cause parfois de nos contre-témoignages. Le Sage Hampaté Bâ nous lance un appel à ce sujet « Il faudrait que celui qui a pris le pouvoir, qu'il soit président ou roi, ait surtout à cœur, l'exploitation rationnelle des compétences dans l'intérêt de son pays ».[27]

[27] HAMPATE Bâ, Tradition *et modernisme en Afrique Noire, Rencontre internationale de Bouaké*, Paris, 1963, p. 247.

III. LES PERSPECTIVES THEOLOGICO-PASTORALES

Ces quelques défis se présentent comme des signes de temps sur lesquels l'Eglise en Afrique devant se pencher pour solidifier, et consolider « une communauté ou règne un réel esprit de fraternité dans l'Eglise famille de Dieu »[28]. Tel est le souhait qui anime l'Episcopat congolais. Ces défis sont généralement résultat d'une certaine monotonie et fidélité à une méthode classique qui ne convient plus. L'interpellation du Pape François pour une conversion pastorale et missionnaire dans la dynamique de la nouvelle évangélisation nous semble la plus appropriée. Nous protons notre attention sur ces quelques options.

III. 1. Le prophétisme dans l'Eglise et le monde

Bien souvent des problèmes surgissent et demeurent dans les communautés ecclésiales, parce que le plus souvent, il n'existe pas le courage prophétique. Des chrétiens sont généralement caractérisés par la culture de la peur, de soupçon et de suspicion.

Plusieurs préfèrent ne pas dire ouvertement ce qui ne marche pas. Le courage de parler et d'interpeller manque à beaucoup d'agents pastoraux. C'est l'interpellation des Evêques à « être prophètes pour notre temps, des veilleurs et éveilleurs des conscience. Il s'agit pour ce faire de s'impliquer dans le débat d'idées de notre société pour y

[28] CENCO, *Les défis pastoraux au seuil du XXIe siècle*, Kinshasa, Ed. du Secrétariat, 2006, N°67, p. 37.

proposer la solution radicale de l'Evangile de Jésus-Christ »[29]. Cet esprit du prophétisme ne se recherche pas seulement dans les communautés ecclésiales, mais aussi dans la société en général. Seule la voix de la hiérarchie de l'Eglise au niveau national est entendue en cas de crise politique ou sociale. C'est pourquoi en un certain moment les Evêques de la République Démocratique du Congo avaient demandé aux chrétiens catholiques de savoir se prendre en charge.

Le Christ demeure le modèle et la source de l'engagement prophétique du Chrétien. Il l'a souligné dans son discours inaugural le jour du Sabbat dans la synagogue « l'Esprit du Seigneur est sur moi parce qu'il m'a consacré par l'onction pour porter la bonne nouvelle aux pauvres. Il m'a envoyé annoncer aux captifs la délivrance et aux aveugles le retour à la vue, renvoyer en liberté les opprimés, proclamer une année de grâce du Seigneur » (Luc 4,18-19). Ses positions ont été énergétiques et courageuses face aux tyrans de son époque et aux chefs religieux de son temps. L'un des fruits du baptême est cet engagement prophétique face aux fléaux de tout genre qu'on observe dans les milieux de vie. Déjà le pape Pie X dénonçait à son époque la lâcheté, la peur et la mollesse des chrétiens face au mal : « De nos jours plus que jamais, la force principale du mauvais c'est la lâcheté et la faiblesse des dons. Et tout le nerf du règne de Satan réside dans la mollesse des chrétiens »[30]. L'Esprit de Dieu qui habite le chrétien doit faire de lui un facteur de bouleversement et de transformation positive. Jésus

---

[29]*Ibidem*, N°71, p. 39.
[30] PIE X, *L'intervention du 13 Décembre 1908* cité par M. OBROU AMAN, *L'engagement chrétien en politique*, Séminaire du RCC, Kins 2016, N°90.

n'attendait avoir l'âge ni être investi pour réaliser sa mission prophétique. Nous pensons que « tout chrétien est appelé à devenir leader dans son milieu de vie, à être la voix des sans voix, de toutes les victimes de l'injustice, de la méchanceté des hommes dans l'Eglise tout comme dans la société en général »[31].

III.2.L'engament dans la réconciliation

Ce leadership que nous souhaitons de tous nos vœux à l'Eglise au niveau prophétique devrait s'étendre dans le processus de réconciliation. Les africains dans plusieurs pays sont appelés à gérer les situations dramatiques causées par les guerres à répétition.

En marge des guerres vécues, il y a aussi des conflits qui naissent et se développent à cause de tous ces problèmes répertoriés dans les différents défis. Ces phénomènes créent des germes de la peur et de la haine dans les cœurs des individus, favorisent parfois les sentiments de la vengeance et de découragement. Les ruptures de la communication et du dialogue entraînent l'agressivité, l'incompréhension, les malentendus, l'agression physique et même verbale. Les comportements égocentriques, égoïstes, avides, haineux, pleins de préjugés, de suspicion et d'agressivité élisent parfois domicile en nous et dominent la plupart du temps notre pensée et notre agir. De ce fait, l'instauration d'un réel esprit de famille selon les pères synodaux nécessite le processus de résolution pacifique des conflits et de la

---

[31] N. SALUMU NDALIBANDU, *Eglise catholique et droits de l'homme en RDC (1991-2016)*, Paris, L'Harmattan, 2018, p. 145.

réconciliation.

Le deuxième synode en Afrique était orienté dans le ce sens. Il avait pour thème l'Eglise en Afrique au service de la réconciliation, de la justice et de la paix. L'Eglise, selon ces pères synodaux, doit elle-même prendre conscience en son sein des blessures parmi ses propres membres. « Pour aider les sociétés africaines à guérir des blessures de la division et de la haine, les pères du synode invitent l'Eglise à se souvenir qu'elle porte en son sein les mêmes blessures et amertumes »[32]. Pour découvrir et gérer ces situations, il faudra que les pasteurs privilégient un art du dialogue fondé sur l'empathie et l'authenticité. C'est en cela que réside une pastorale appropriée de résolution de conflit pour aboutir à la réconciliation. L'expérience de la réconciliation établit la communion à deux niveaux à savoir la communion entre Dieu et les hommes et la communion entre les hommes. C'est une démarche importante selon Benoit XVI pour qui « la réconciliation c'est aussi la restauration des relations entre les hommes au moyen de la résolution des différends et la suppression des obstacles à leurs relations grâce à leur expérience de l'amour de Dieu »[33].

---

[32] BENOIT XVI, *Exhortation Apostolique post-synodale AfricaeMunus sur l'Eglise en Afrique au service de la réconciliation, de la justice et de la paix*, Rome, Liberia Editrice Vaticana, 2011, p. 155.
[33] IDEM, *Discours à la Curie Romaine à l'occasion de l'échange des vœux (21 Décembre 2009)* in ASS 102 (2010), p. 35 DC 2439 (2010), p. 100.

III.3. La promotion de l'héritage culturel Africain et Judeo-Chretien

III.3.1. L'héritage culturel africain

En effet, au regard des défis causés par les guerres, l'histoire de l'évangélisation et la révolution culturelle mondiale, le risque est visible d'une déconstruction des valeurs culturelles africaines positives. C'est face à ce danger que le Pape Jean-Paul II a exhorté les africains à conserver jalousement leurs cultures de la solidarité, de la vie communautaire dans la famille élargie : « C'est avec un ardent désir que je prie et demande des prières pour que l'Afrique préserve toujours ce précieux héritage culturel et pour qu'elle ne succombe jamais à la tentation de l'individualisme, si étranger à ses meilleures traditions »[34]. Nous savons que si l'Occident est développé technologiquement, l'Afrique connait une avancée de civilisation du point de vue morale et culturelle. C'est pourquoi des efforts doivent être menés pour promouvoir et faire respecter les valeurs culturelles africaines.

Nous apprécions la mise en pratique des orientations du synode sur l'introduction du cours de Religions Traditionnelles Africaines dans les Grands Séminaires ainsi que quelques efforts de revalorisation des éléments culturels dans les liturgies, dans les études des langues. Nous souhaiterions la poursuite des études et des recherches approfondies sur les cultures de différents peuples. Les recherches anthropologiques peuvent aussi être fortement encouragées. Nous pensons aussi à

[34] JEAN PAUL II, *Ecclesia in Africa,* N°43.

l'exploitation de tous les paradigmes capables de nous révéler l'identité culturelle du peuple notamment les récits, les mythes, légendes, proverbes. Des valeurs positives comme l'hospitalité, le sens religieux, l'initiation, l'éducation, le respect de la vie, l'obséquiosité, etc. sont à promouvoir par les différents mécanismes de sensibilisation, d'analyse et de vulgarisation.

III.3.2. De l'utopie à l'inventivité

En effet, devant les mythes qui entoure les considérations dramatiques des phénomènes coutumiers et culturel, nous pensons préconiser la démarche encouragée par le professeur Ka MANA. Elle consiste à transformer les mythes qui nous font rêver en problèmes qui nous font réfléchir en énergies qui nous font agir, changer les énergies qui nous font agir en nouvelle raison de vivre et de mourir, en nouveau motif d'espérer et de croire fondamentalement[35].

Il est ici question d'assumer notre responsabilité historique pour devenir ce que nous sommes réellement par l'éclat de notre imaginaire qui nous change et nous engendre comme acteur de notre avenir.

Nous devons penser sortir de la bétisation, la victimisation en une marque de l'imaginaire bâti sur le penser du possible utopique. Nous revenons ici aux dynamiques destructrices relevées par le professeur KÀ MANA dans l'esclavage de la colonisation, du néocolonialisme, de la mondialisation néolibérale. Il s'agit notamment de la dynamique de

[35] KÀ MANA, *L'Afrique va-t-elle mourir ? Bousculer l'imaginaire africain. Essai d'éthique politique*, Paris, Cerf, 1991, p. 14.

déshumanisation qui consiste à réduire les Africains au statut des choses ou des bêtes de sommes. La dynamique de zombification de faire des Africains des morts-vivants exploités dans une sorte de mystique et d'avilissement de ceux qui les ont mis en leur service jusqu'à nos jours, la dynamique d'impuissacisation qui condamne un peuple à l'impécandité totale par la soumission sans faille et la dynamique d'imbecilisation pour enlever à l'Afrique la capacité d'user de la raison, du sens d'éthique et de l'énergie spirituelle créative. La dynamique de néantisation qui confronte l'homme africain à l'épreuve d'être rien, rien du tout dans un ordre mondial en folie. 37

La solution à envisager dans ce sens est la régénération culturelle des Africains sur base de l'éducation sur la culture africaine, sur ses valeurs et ses [36] enjeux d'humanité que KÀ MANA qualifie de régrédience. Nous devons encourager des rêves, des perspectives concrètes qui engagent notre être tout entier pour le changement. C'est l'exigence d'une vie centrée sur le possible, sur l'imaginaire inventif, sur le pouvoir créateur et sur le surgissement du neuf au cœur de la volonté africaine d'être et de vivre[37].

De ce fait, une étude philosophique de la culture dans la perspective d'ouverture et de complémentarité avec d'autres rationalités s'avère indispensable. Ceci exige d'intégrer une capacité rationnelle, une approche critique et autocritique, un examen critique sur les

---

[37] KÀ MANA, *Les vraies raisons de la renaissance africaine pour les générations montantes*, Pole Institut, 2017, p. 68-69.

[37] Idem, *Philosophie africaine et culture. Comprendre la culture africaine et ses enjeux de civilisation.* Boma, Presses universitaires de Boma, 2019, p. 10.

pratiques culturelles observées dans la société. C'est l'importance d'une pensée de lucidité décomplexée encourageant même de soumettre les sujets de coutumes à des débats contradictoires pour aboutir à des grandes décisions culturelles. L'originalité de Socrate n'est-t-elle pas de semer le doute dans l'esprit des jeunes et de soumettre à la critique les croyances et les mythes de son époque considérés comme provenant des dieux ?[38] NKOMBE OLEKO renchérit en disant : « Pour un penseur africain qui voudrait partir du vécu africain, le discours parémiologique revêt une grande importance. Ce discours est en effet considéré comme le dépôt et le véhicule par excellence de la sagesse ancestrale et actuelle »[39] Il poursuit en déterminant le rôle qui incombe au philosophe « un des rôles du philosophe n'est-il pas d'interpréter le passé à la lumière du présent ? Le mouvement retour vers le passé avec un esprit critique et autocritique nous instruiraient surement et nous permettrait de trouver quelques éléments de solution aux problèmes [A] présent et futures. En actualisant ainsi le passé, nous le rendons capables de participer efficacement à notre développement[40] »

III.3.3. Ontologie phénoménologique de certains paradigmes culturels africains.

Nous préconisons une ontologie phénoménologique autour de certains paradigmes culturels africains qui revêtent une actualité en

[38] Socrate cité par J. BRUN, *Socrate*, Paris, PUF, 1963, p. 38.

[39] NKOMBE OLEKO, « La structure sémantique du proverbe et les relations inter-parémiques dans *La Philosophie africaine. Actes de la première semaine philosophique de Kinshasa,* Faculté de Théologie catholique, Kinshasa, 1977, p. 127.

[40] NKOMBE OLEKO, « La structure sémantique du proverbe et les relations inter-parémiques dans *La Philosophie africaine. Actes de la première semaine philosophique de Kinshasa,* Faculté de Théologie catholique, Kinshasa, 1977, p. 127-128.

notre temps. Des acquis et des défis dans ce sens suscitent des interrogations qui nécessitent un approfondissement. Nous avons pour commencer le barza communautaire qui reçoit plusieurs appellations selon les cultures. Au Maniema, par exemple, chez les Zimba, le barza signifie LOKOTSHI, chez les Lega, il s'appelle LUUSU, chez les Bangubangu, LUBUNGA, chez les Nande EKYAGHANDA...

-Le barza est le symbole de la fraternité tribale et clanique qui, au lieu d'être exclusiviste doit favoriser l'ouverture à d'autres communautés et à d'autres races. Une réflexion sur le segment fondateur qui vise l'unité, la collaboration devra être réexaminée pour faire face au défi actuel d'exploitation idéologique de cette mutualité tribale et même de certains conflits latents.

-Les « butani, buyomba » sont des actions des plaisanteries entre les membres des communautés tribales différentes. C'est aussi une fraternité très soudée d'assistance pendant les moments de joie et de peine. Quelquefois de débordement et de non-respect aux morts sont déplorés ça et là.

-Le « likelemba », la ristourne, la tontine, kitemo c'est une forme de solidarité des associations pour faire face à une conjoncture économique. Ce sont encore des groupements d'épargne des personnes exerçant une même activité commerciale. Ces sont des mutuelles ou tournantes qui facilitent parfois la circulation de la monnaie. La logique et les objectifs visent à favoriser la fraternité et l'entraide et surtout arriver à répondre à un grand bien (maison, voiture, …).[41] Quelquefois, il s'observe les injustices, le non-respect d'accord et le manque d'accompagnement des institutions politique et économique du milieu.

-Ekobo, ou le traitement de la veuve éprouvée, c'est une pratique culturelle pouvant favoriser la séparation avec son mari défunt mais aussi une crainte de poursuite maléfique. Malheureusement, il s'observe le plus souvent des actes qui reflètent le non-respect de la dignité humaine comme la spoliation des biens de la maison, les tortures physiques et mêmes psychologiques, la non-assistance de la veuve et des orphelins.

-Le « matanga », deuil, il s'observe parfois une assistance familiale, clanique et même tribale très manifeste qui ne s'observe pas pendant que le défunt était malade. Et juste après le deuil, les membres de la famille éprouvée sont abandonnés à leur triste sort. Certains politiciens profitent même de ce moment pour manifester leur possibilité matérielle avec parfois une coloration cachée de campagne politique. C'est aussi le lieu de l'exhibition des danses traditionnelles qui ne reflètent en rien une fraternité sincère.

III.4. L'héritage doctrinal judéo-chrétien

Le pluralisme culturel et religieux répandu dans les milieux africains conduit le plus souvent à une crise identitaire de la foi catholique par les actes de l'indifférence religieuse et le syncrétisme

---

[41] Cf. J. BOUZOUNGOULA, « *La tontine : élément du processus d'un changement socioéconomique en milieu urbain au Congo Brazzavile,* » dans *BENOÎT AWAZI, Dieu et l'Afrique. Une approche prophétique, émancipatrice et pluridisciplinaire,* Paris, L'Harmattan, 2016, p. 467-467.

chrétien. Les segments fondateurs de la foi catholique dans le ministère de l'enseignement, les pratiques des sacrements et sacramentaux ainsi que les exigences de la discipline ecclésiastique sont sous menace de destruction pour certains et d'extinction pour d'autres. Les personnes cherchent des solutions à leurs problèmes en recourant à des voies non catholiques.

Pour ce faire, l'insistance devra être faite pour soutenir les mouvements de dévotions et les pratiques des sacrements. Il faudra aussi mener des actions pour l'encadrement des fidèles confrontés aux problèmes qui nécessitent le recours aux pratiques de piété. Les malades, les cas de possession, envoutement nécessitent une pastorale appropriée. Les pieux exercices doivent exister mais en tenant compte de la hiérarchie des vérités. Les hérésies dans l'histoire de l'Eglise sont entrées à travers les chants, l'éloignement de la vie sacramentelle, la séparation du culte avec les obligations de la vie chrétienne, la conception utilitariste de certaines formes de piété. Les sacrements, les sacramentaux, les piétés supposent la foi, accomplissent la foi et doivent conduire à la foi[42]. La finalité de tous les actes de foi c'est Jésus-Christ mort et ressuscité.

Nous savons que depuis le premier siècle, l'Eglise a institué les habitudes de bénir les personnes, les lieux, les objets. Ces pratiques ainsi que d'autres de la dévotion mariale, de la vie de Jésus, des saints et certaines prières ont soutenu la foi catholique pendant des

---

[42] CONCILE VATICAN II, *SacrosanctumConcilium sur la liturgie*, N°9.

millénaires. Ces éléments constituent la vieille expression de foi des parents qui a posé les bases. Ils doivent être maintenus et encouragés.

De nos jours, certains sous l'influence du pentecôtisme et sectarisme tendent à mépriser ces exercices. Il en faut pour cela un regard vigilant du pasteur et une pastorale de l'intelligence, de discernement.

Conclusion

Nous nous trouvons au terme de cet écrit sur la promotion de la famille dans l'église de la société. Dans le premier point, nous avons présenté le fondement culturel et doctrinal de la famille. Dans le deuxième point, nous avons examiné les acquis et les difficultés rencontrées dans ce paradigme de la famille. Dans le troisième et dernier point, nous avons donné des pistes de solution. Celles-ci s'inscrivent dans la perspective de la nouvelle évangélisation et l'évangélisation en profondeur.

C'est dans ces voies que nous pensons orienter nos démarches dans la mise à profit des exigences de notre foi face aux défis observés. Notre tâche actuelle d'évangélisation exige de réfléchir suffisamment sur les obstacles à atteindre notre identité à la fois chrétienne et africaine. C'est l'évangélisation comme le renchérit Santedi « qui affronte sans détour les innombrables maux qui accablent de nos jours l'Afrique »[43]. Ce travail est dans le processus de l'inculturation. C'est la démarche encouragée aussi par Benoît Awazi « il revient aux Eglises africaines dynamisées par l'élan théologique et pastoral du Synode africain tenu à Rome en avril-mai 1994, d'inculturer en profondeur la foi au Christ en s'inscrivant dans la dynamique de la reconstruction et de la renaissance de l'Afrique à l'aube du XXIe siècle »[44].

---

[43] L. SANTEDI KINKUPU, *Les défis de l'évangélisation dans l'Afrique contemporain,* p. 9.

[44] B. AWAZI MBANBI KUNGUA, *Panorama de la théologie négro-africaine contemporaine,* Paris, L'Harmattan, 2002, p. 65.

Bibliographie

AWAZI MBAMBI KUNGUAB., *De la post-colonie à la mondialisation néolibérale, radioscopie éthique de la crise négro- africaine*, Paris, L'Harmattan, 2011.

AWAZI MBANBI KUNGUA B., *Panorama de la théologie négro-africaine contemporaine,* Paris, L'Harmattan, 2002.

BENOIT XVI, *Discours à la Curie Romaine à l'occasion de l'échange des vœux (21 Décembre 2009)* in ASS 102 (2010), p. 35 DC 2439 (2010).

BENOIT XVI, *Exhortation Apostolique post-synodale Africae Munus sur l'Eglise en Afrique au service de la réconciliation, de la justice et de la paix*, Rome, Liberia Editrice Vaticana, 2011.

CENCO, *Directoire sur la nouvelle Evangélisation et la catéchèse dans la perspective de l'Eglise famille de Dieu*, Kinshasa, Secrétariat de la CENCO.

CENCO, *Les défis pastoraux au seuil du XXIe siècle*, Kinshasa, Ed. du Secrétariat, 2006.

CONCILE VATICAN II, *Constitution Dogmatique Lumen Gentium, sur l'Eglise*, Paris, Centurion, 1967, N°6.

CONCILE VATICAN II, *Sacrosanctum Concilium sur la liturgie.*

FRANÇOIS, *Exhortation Apostolique Evangeli Gaudium sur l'annonce de l'Evangile dans le monde d'aujourd'hui*, Rome, Libéria Editirice Vaticana, 2013.

HAMPATE Bâ, Tradition *et modernisme en Afrique Noire, Rencontre internationale de Bouaké*, Paris, 1963.

JEAN PAUL II, *Ecclesia in Africa sur l'Eglise en Afrique et sa mission évangélisatrice vers l'an 2000*, Kinshasa, Médiaspaul, 1995.

LONGONGAS., *La crise financière des Eglises d'Afrique. Conséquences sur le ministère des prêtres*, Paris, L'Harmattan, 2016.

OBROU AMAN, *L'engagement chrétien en politique,* Séminaire du RCC, Kigali, 2016.

PAUL VI, *Exhortation apostolique Evangelii Nuntiandi (sur l'annonce de l'Evangile*), (8 décembre 1975), N°31 ASS (1976).

SALUMU NDALIBANDUN., *Eglise catholique et droits de l'homme en RDC (1991-2016),* Paris, L'Harmattan, 2018.

SANTEDI KINKUPUL., *Les défis de l'évangélisation dans l'Afrique contemporaine. Préface de René de Haes. Postface de Maurice Pivot*. Paris, Karthala ; 2005.

SYNODE DES EVEQUES, *Assemblée Spéciale pour l'Afrique*, Lineamenta, Rome, 1994.

TEMPELSP., *Notre rencontre*. Centre d'études pastorales, Limeté, Léopoldville, 1962.

VERNAUXR., *Leçons sur l'existentialisme*, Paris, Pierre Tequi, 1964.

XXX, *Des prêtres noirs s'interrogent cinquante ans après* (SANTEDI KINKUPU, Gerard BINSANTE, Meinrad HEBGA), Paris, Karthala, 2006.

TABLE DE MATIERES

Du même auteur

1. Les Prières d'exorcisme et de guérison dans l'Eglise catholique en Afrique. Lecture théologique et pastorale, Paris, L'Harmattan, 2017.
2. Les Prières d'intercession et l'accompagnement spirituel en Afrique, Mauritius, croix du salut 2018.
3. Histoire du Diocèse de Kindu (1907 2017). Lecture théologique et pastorale, Kigali, Palloti presse, 2018
4. L'Eglise catholique et droits de l'homme en RDC 1991 2016, Paris, L'Harmattan, 2018.
5. Soyons prêts à répondre à quiconque nous demande de rendre compte de notre foi (1 P. 3,15), Goma, dina printer, 2018.

Printed by Books on Demand GmbH, Norderstedt / Germany